EL CAMINO A LA
RIQUEZA

Wallace D. Wattles

EL CAMINO A LA
RIQUEZA

TALLER DEL ÉXITO

EL CAMINO A LA RIQUEZA

Taller del Éxito Inc.
1669 N.W. 144 Terrace, Suite 210
Sunrise, Florida 33323
Estados Unidos
www.tdee.com

Editorial dedicada a la difusión de libros y audiolibros de desarrollo personal, crecimiento personal, liderazgo y motivación.

ISBN: 1-931059-57-8

Printed in Colombia
Impreso en Colombia

1ª edición, noviembre de 2006

Índice

INTRODUCCIÓN

El enfoque de este libro es práctico, no filosófico. Es un manual de conducta, no un conjunto de planteamientos teóricos. Lo escribí para aquellas personas interesadas en mejorar su situación financiera y crear riqueza y no simplemente para quienes desean filosofar acerca del dinero. Es una obra para aquellos que están dispuestos a actuar con rapidez, basados en los principios de esta ciencia, sin perder tiempo analizando el *porqué* de cada proceso.

Espero que abras tu mente y aceptes estos principios con la misma fe y confianza con que aceptarías una presentación sobre las leyes de la electricidad, si ésta fuera realizada por el mismo Tomás Alva Edison. Sólo así podrás tomar estos fundamentos y verificar la verdad que ellos encierran actuando con firmeza, sin dudas ni temores. Todo aquel que haga esto encontrará la riqueza, porque la ciencia aplicada aquí, es una ciencia exacta y es imposible que falle.

Decidí escribir este libro en un lenguaje y estilo claro y sencillo de manera que sea comprensible para cualquier persona. El plan de acción expuesto aquí ha sido completamente probado, y supera la máxima prueba de experimentación práctica. Funciona.

Si llevas a cabo los pasos que encontrarás a lo largo de este libro, lograrás alcanzar la libertad financiera y tu éxito será inevitable.

—Wallace D. Wattles

Capítulo **1**

EL DERECHO A LA RIQUEZA

*Pese a que aproximadamente un 80%
de las riquezas del mundo se encuentra
en manos de un 20% de las personas,
si juntásemos todas esas riquezas y
las repartiésemos de manera igual entre
cada uno de los habitantes del planeta,
en cinco años tales riquezas estarían en
las manos del mismo 20% inicial.
¿La razón? Estas personas simplemente
poseen una mentalidad de abundancia
que atrae la riqueza hacia ellas.*

—J. Paul Getty

$\mathcal{E}$s imposible encontrar algo que decir de la pobreza, que sea positivo y edificante. Lo cierto es que no es posible vivir una vida completa o exitosa a menos que poseamos una mentalidad de abundancia que nos permita experimentar la vida de riqueza a la cual todos tenemos derecho.

Nadie puede alcanzar el máximo de su potencial en talento o en desarrollo interior, a menos que cuente con el capital y los medios para hacerlo, ya que el desarrollo personal de nuestros talentos y habilidades requiere de nosotros una inversión tanto en tiempo como en dinero.

El ser humano desarrolla su mente utilizando diferentes herramientas: centros educativos, libros, manuales, audio libros y revistas, las cuales requieren la inversión de dinero. Por tanto, podemos decir que la base del progreso y crecimiento de la persona exige que ella haya logrado alcanzar el nivel de riqueza que le permita realizar dicha inversión.

El objetivo de la vida es crecer y desarrollarse. Todos tenemos derecho al desarrollo que seamos capaces de conseguir. El derecho a la vida incluye su derecho de tener acceso a todo aquello que pueda necesitar para su completo bienestar y desarrollo mental, espiritual y físico; en otras palabras, su derecho a ser libre.

No voy a hablar de riquezas en sentido figurado. Ser realmente rico no significa estar satisfecho o contento con poco. Nadie debe estar satisfecho con poco, si es capaz de usar y de disfrutar más el dinero. El propósito de la naturaleza es el progreso y la expansión de la vida. Contentarse con menos es indebido.

El mundo moderno ha avanzado tanto y se ha vuelto tan complejo que cualquier persona, por más común que parezca, requiere de gran riqueza para vivir de una manera que se aproxime a una vida plena.

Es natural que todas las personas quieran convertirse en todo lo que son capaces de ser. Este deseo es propio de la naturaleza humana, y es una de nuestras mayores motivaciones. El éxito en la vida es llegar a ser lo que quieres ser. Y en el mundo real, llegar a lograrlo implica tener acceso a aquellas cosas que la riqueza nos puede facilitar. Por lo tanto, entender el camino a la riqueza es el más esencial de todo el conocimiento.

No hay nada negativo en desear ser prospero. La búsqueda de la libertad financiera es en realidad el deseo de una vida más plena y abundante –y ese deseo es muy natural—. Lo inaudito sería no desear vivir una vida de abundancia; no querer experimentar prosperidad y riqueza en nuestra vida, ni desear poseer los medios que nos brinden la calidad de vida que merecemos.

Hay tres razones que motivan todas nuestras acciones: vivimos para mantener el cuerpo, para desarrollar la mente, y para salvaguardar el alma. Todas ellas son importantes; todas son deseables, y ninguna de ellas –cuerpo, mente o alma— puede vivir completamente si las otras dos están reprimidas o les falta expresión y plenitud. No es correcto vivir sólo para el alma y negar el cuerpo o la mente, y tampoco lo es el vivir para el intelecto, negando el cuerpo o el alma.

Todos conocemos las terribles consecuencias de vivir para el cuerpo y negar la mente y el alma, y vemos que la vida plena significa la completa expresión de la armonía entre cuerpo, mente y alma. Nadie puede estar satisfecho a menos que su cuerpo esté completamente vivo en cada una de sus funciones, y que ocurra lo mismo con su mente y su alma.

Mientras exista un potencial sin expresión o una función no desempeñada, habrá un deseo insatisfecho. El deseo no es más que una posibilidad buscando una expresión, o una función buscando un buen desempeño.

Una persona no puede vivir completamente con su cuerpo sin el alimento que lo nutra, sin vestuario confortable y un techo que lo resguarde y le dé cobijo. De igual manera, el descanso y la recreación también son necesarios para su vida física.

No se puede vivir plenamente la parte mental sin el alimento que nos dan los libros y el tiempo para estudiarlos, o sin la oportunidad de poder viajar a y apreciar la riqueza de las diferentes culturas, ya que todo esto contribuirá a nuestro crecimiento y desarrollo intelectual.

Para que el alma pueda vivir completamente, la persona debe amar. No obstante, el amor en su máxima expresión es negado por la pobreza.

El ser humano encuentra su mayor felicidad siempre que puede proporcionar un beneficio a quienes ama. El amor encuentra su expresión más natural y espontánea cuando da. Por esta razón, el individuo que no tiene nada que dar no puede llenar su lugar como esposo o padre, ciudadano, o ser humano. Tampoco puede ayudar a otros seres humanos necesitados, ya que el pobre no puede ayudar al pobre, más de lo que el ciego podría hacer guiando a otro ciego.

Es en el uso de todas aquellas cosas materiales que la persona tiene a su alrededor en donde encuentra la manera de desarrollar su cuerpo, alimentar su mente, y desplegar su alma. Por lo tanto, es muy importante para cada individuo alcanzar el estado de riqueza que nos dé acceso a estas cosas.

Es completamente válido que desees vivir una vida de abundancia. Si eres un ser humano normal no puedes evitarlo. No hay nada incorrecto en ello, ni es muestra de un carácter débil el prestarle atención a la ciencia de hacerte rico, porque es el más noble y necesario de todos los estudios.

Si desprecias este estudio, estás fallando en tu deber contigo mismo, y con la humanidad, porque no hay un mayor servicio que le puedas prestar a tus seres queridos, a tu país y a la humanidad que convertirte en lo máximo que puedas ser. Sólo así harás el mayor uso de todos los dones que posees.

Capítulo 2

EL CAMINO PARA ALCANZAR LA LIBERTAD FINANCIERA

Tú eres la mayor riqueza para ti mismo y esa riqueza nadie puede quitártela. Porque tú no eres lo que tienes, sino lo que eres.

—René Juan Trossero

Al igual que el álgebra o la aritmética son ciencias exactas, también existen ciertas reglas para el proceso de adquirir riqueza, y una vez que esas reglas se aprenden y se siguen, la persona se hará rica con una precisión matemática.

La posesión del dinero y la riqueza viene como resultado de hacer las cosas de cierta manera, y quienes así las hacen –ya sea a propósito o accidentalmente— triunfan, mientras que aquellos que no lo hacen de dicha manera –no importa qué tanto trabajen o qué tan capaces sean— permanecen pobres.

Esta ley natural conocida como "la ley de la causa y el efecto" indica que toda causa produce un efecto determinado, y que causas iguales producen efectos iguales. La riqueza es el efecto o resultado de ciertas causas. Por lo tanto, cualquier hombre o mujer que aprenda a producir estas causas en su vida, sin duda, triunfará.

Los siguientes hechos demuestran la veracidad de esta última afirmación:

La riqueza financiera no es una cuestión del medio o la ubicación, porque si así fuera toda la gente de ciertos vecindarios se volvería rica. La gente de una ciudad toda sería pudiente, mientras que aquellos de otros pueblos serían todos pobres, y todos los habitantes de un estado serían inmensamente ricos, mientras que los del estado del lado serían pobres.

Pero, en todas partes vemos gente rica y pobre viviendo en las mismas ciudades, no muy lejos la una de la otra; compartiendo el mismo ambiente, e inclusive hasta en las mismas profesiones. Cuando dos personas viven en el mismo ambiente y tienen la misma profesión, y uno se vuelve rico mientras que el otro permanece pobre, esto demuestra que hacerse rico no es una cuestión de ubicación.

Obviamente, algunos ambientes pueden ser más propicios y favorables que otros, pero cuando encontramos dos personas en el mismo tipo de negocio y en el mismo vecindario, y uno se hace rico mientras que el otro fracasa, lo que esto indica es que alcanzar la riqueza es el resultado de hacer las cosas de cierta manera.

Es más, la habilidad para hacer las cosas de la manera correcta no es simplemente el resultado de tener talento, ya que mucha gente con gran talento se mantiene pobre, mientras que otros que, aparentemente tienen muy poco talento, se hacen ricos.

Estudiando la gente que se hace rica, encontramos que son personas promedio en muchos aspectos. Es evidente que ellos no es el resultado de poseer talentos y habilidades que otros no tienen. Lo logran porque actúan de una manera que produce como efecto la adquisición de riqueza.

El éxito financiero tampoco es necesariamente el resultado de ahorrar, o ser frugal. Mucha gente frugal es pobre, mientras que otros que podrían ser catalogados de *gastadores,* con frecuencia se hacen ricos.

Si hacerse rico es el resultado de hacer las cosas de cierta manera, y estamos de acuerdo que causas iguales producen resultados o efectos iguales, entonces cualquier hombre o mujer que haga las cosas de esa manera se volverá rica, y la cuestión de cómo lograr la libertad financiera se reduce a una ciencia exacta.

Aquí surge la pregunta de si esta manera de hacer las cosas es tan difícil que sólo algunos pueden aprenderla y seguirla. Como todos hemos podido observar, esto no es verdad, por lo menos en lo que se refiere a las destrezas y habilidades naturales del individuo, ya que hay gente talentosa que se hace rica, y personas mucho menos talentosas que, también lo logran. Muchos intelectuales se vuelven ricos, y gente con muy poca preparación o estudio, también; gente muy fuerte físicamente logra el éxito financiero así como pueden lograrlo las personas débiles y enfermizas.

Por supuesto, se requiere alguna habilidad de pensar y entender, pero por lo que respecta a habilidad natural, cualquiera que entienda estas líneas puede hacerse rico.

También hemos visto que no es una cuestión de ubicación geográfica. Aunque es cierto que la ubicación tiene algún efecto; uno no se iría a la mitad de un desierto deshabitado para tener un restaurante exitoso.

El éxito involucra siempre el trato y la interacción con la gente; estar donde está la gente. Y si a esta gente le interesa lo que tú ofreces, mucho mejor. Pero eso es todo lo que concierne a la ubicación.

Si alguien más en tu pueblo se puede hacer rico, tú también puedes lograrlo; si alguien más en tu país alcanza la libertad económica, tú también puedes alcanzarla.

No es cuestión de escoger un negocio o profesión en particular. La gente se puede enriquecer en cualquier actividad, mientras que el vecino de al lado se queda pobre.

Es indudable que te irá mejor en un negocio que te guste y con el cual sientas cierta afinidad.

Si has tomado el tiempo para desarrollar ciertos talentos, te irá mucho mejor en un negocio que requiera de dichos talentos.

Sin embargo, no olvides que todos tenemos la capacidad de desarrollar cualquier talento que nuestro negocio requiera. Lo único que necesitamos es un motivo para hacerlo y la disciplina para adquirir y desarrollar dicho talento.

Además de estas limitaciones, el éxito financiero no depende del tipo de negocio o profesión en que desees desempeñarte sino de tu disposición para aprender a actuar de acuerdo con los principios del éxito. Eso es todo.

Si estás desarrollando un negocio, y sabes de alguien más que ha logrado amasar una gran fortuna en el mismo negocio, mientras que tú no logras salir de la pobreza, es simplemente porque no estás haciendo las cosas de la misma manera, o con el mismo nivel de compromiso que la otra persona las está haciendo.

Muchas veces creemos que la falta de éxito en nuestro negocio es el resultado de no contar con el capital suficiente. Y si bien es cierto que mientras más capital tengamos más fácil y rápido será el crecimiento de nuestro negocio, también es cierto que la inmensa mayoría de los emprendedores que lograron crear grandes fortunas empezaron sin ningún capital.

No importa qué tan pobre seas, si empiezas a hacer las cosas que sabes que tienes que hacer, de la manera apropiada, empezarás a adquirir riqueza y a tener capital. Obtener capital es parte del proceso de hacerse rico y del resultado que invariablemente se obtiene al hacer las cosas de la manera correcta.

Puedes ser la persona más pobre del continente –financieramente hablando— y estar sumido en deudas. Es posible que no tengas amigos, influencias o recursos, pero si empiezas a hacer las cosas de la manera como se explican aquí, empezarás a adquirir fortuna, ya que las mismas causas que trajeron riqueza a otros producirán los mismos efectos para ti.

Si no tienes capital, puedes conseguirlo. Si estás en el negocio o profesión equivocados, puedes cambiar. Si crees que estás en el sitio equivocado, busca la ubicación correcta.

Pero no creas que debes esperar hasta que realices dicho cambio para empezar a triunfar. Puedes empezar a lograr tu éxito en tu ubicación y negocio actuales, haciendo aquellas cosas que traen como resultado el éxito financiero y la creación de riqueza.

Capítulo **3**

EL MITO DEL "MONOPOLIO DE LAS OPORTUNIDADES"

Todas las personas sueñan, pero no de igual forma. Hay quienes sólo sueñan en la noche, y al despertarse descubren que era simplemente vanidad. Pero aquellas personas que sueñan durante el día son las peligrosas, porque sueñan con los ojos abiertos, ¡para asegurarse de que sus sueños se harán realidad!

—T. E. Lawrence

Nadie se mantiene pobre porque otra gente le haya privado de sus oportunidades, o haya monopolizado la riqueza y construido una cerca alrededor para evitar que puedas tener acceso a ella. Es posible que cierto tipo de negocios, inversiones o actividades estén fuera de tu alcance, pero hay muchos otros canales abiertos para ti.

Muchas de las grandes historias de éxito han sido precisamente el resultado de haber creado nuevas oportunidades, en nuevos mercados o en industrias que no existían hasta ese momento. En diferentes épocas, la corriente de las oportunidades se mueve en distintas direcciones, de acuerdo con las necesidades del mercado y el estado de avance de la sociedad.

Hay muchas oportunidades para aquellas personas que al encontrar una pared usan su ingenio e iniciativa para crear una puerta, en lugar de optar por darse contra este muro de manera testaruda, quejándose de lo injusto de la situación.

Tan difícil como nos resulte aceptarlo, lo cierto es que los empleados, los obreros, y la clase laboral en general, no están desprovistos de oportunidades. Los trabajadores no están condenados a la pobreza por sus empleadores, ni por los grandes negocios o los bancos. Ellos están donde están como resultado de no actuar de manera coherente con los principios del éxito.

La ley de la riqueza es la misma para todos. Pero debemos entender que mientras continuemos haciendo lo mismo que hemos venido haciendo, continuaremos cosechando los mismos resultados que hemos obtenido. Sin embargo, si decidimos cambiar, crecer y aprender las leyes del éxito y la riqueza, presentadas a todo lo largo de esta obra, se abrirá para nosotros una nueva vida, llena de oportunidades y abundancia.

Nadie es pobre porque haya insuficiencia de riquezas; hay mucho más que suficiente para todos. A pesar de lo mucho que se ha hablado en los últimos tiempos sobre el agotamiento de los recursos naturales del planeta, lo cierto es que muchos de estos recursos visibles son prácticamente inagotables; cada día se crean nuevos recursos y éstos, más el capital intelectual, no sólo son inagotables, sino que están en proceso constante de expansión.

Todo lo que existe proviene de una sustancia original, de la cual se crean todas las cosas; se crean nuevas formas y las viejas formas se disuelven, pero todas son asumidas por la misma sustancia.

No hay límite en el recurso de tal sustancia. Todo el universo está hecho de ella, a pesar de lo cual no está completamente agotada. Por lo tanto, nadie es pobre porque la naturaleza lo sea o porque no haya suficiente.

La naturaleza es una fuente inagotable de riqueza; los recursos nunca quedarán cortos. Cuando pensamos que se están agotando los recursos, se crean más. La sustancia original toma la forma que la humanidad necesita, y no dejará que ella se quede sin recursos.

La raza humana en conjunto es abundantemente rica. Si un individuo es pobre es porque ha optado por ignorar o no seguir las leyes que ya han enriquecido a otras personas.

Es algo natural e inherente al ser humano el buscar una vida de plenitud; es la naturaleza de la inteligencia el desarrollarse más, y de la mente buscar expandir sus límites y encontrar mejores maneras de expresarse. El universo es un gran ser vivo, que siempre se mueve hacia más vida y hacia un funcionamiento cada vez más perfecto.

La función principal de la naturaleza es asegurar el avance de la vida. Debido a esto, todo lo que concierne a ella es suministrado en abundancia por la naturaleza.

Tú no eres pobre porque no haya recursos. Más adelante demostraré que todos los recursos necesarios para el crecimiento y desarrollo del ser humano están a las órdenes de las leyes que rigen la riqueza y de los hombres y mujeres que siguen estas leyes.

Capítulo **4**

EL PRIMER PRINCIPIO
DE LA PROSPERIDAD

Cualquier cosa que pueda hacer, o que sueñe que puede, comiéncela. La osadía tiene en sí, genio, poder y magia.

—Goethe

$\mathcal{E}$l pensamiento es lo único que puede producir riquezas y bienes tangibles a partir de lo intangible. Una forma que se origina en el pensamiento tiende a producir dicha forma en la realidad.

Todo lo que vemos en el mundo que nos rodea es la expresión visible de una idea que se ha formado en el pensamiento. Todos somos producto de nuestros pensamientos. En otras palabras, el pensamiento de la riqueza no causa la formación instantánea de dicha riqueza, pero sí empieza a desencadenar las acciones que la producirán, de acuerdo a las líneas de acción ya establecidas.

El pensamiento de una casa de ciertas características en la mente de un arquitecto, puede no causar la aparición instantánea de la casa, pero provocará el movimiento de su energía creativa para que produzca la su rápida creación.

No podemos albergar ningún pensamiento en nuestra mente de manera consistente sin que tarde o temprano dicho pensamiento de origen a la forma que representa. Podríamos afirmar que toda creación física está precedida por una creación mental.

El ser humano es un ser pensante, capaz de originar pensamientos propios. Todas aquello que una persona crea con sus manos, primero lo tuvo que haber creado en su cabeza. No pudo haber creado algo antes de haberlo pensado.

Gran parte de la humanidad limita sus esfuerzos completamente al trabajo que pueda realizar con sus manos, tratando de cambiar o modificar con su esfuerzo físico el mundo que le rodea. Sólo unos pocos logran producir creaciones originales, como producto de sus pensamientos.

Cualquier persona que guarda un objeto o una idea en su pensamiento, puede tomar imágenes e información del mundo que la rodea y visualizarla en su mente. Este es un poder que muchas personas ni siquiera conocen. Ellas se limitan a cambiar y modificar su mundo a través de la labor manual y no se han detenido a cuestionarse si podrían ser capaces de producir la realidad que desean experimentar a partir de los pensamientos que albergan en su mente.

Uno de mis objetivos es demostrar que cualquier hombre o mujer puede hacer uso de este poder, y demostrar cómo. Como primer paso debemos establecer tres principios fundamentales.

Primero, el ser humano es producto de sus pensamientos. La mente es capaz de producir el equivalente físico de los pensamientos que alberga. Un pensamiento en nuestra mente es capaz de crear la realidad que imagina en dicho pensamiento. Un ser humano es un centro pensante, capaz de pensamientos originales. Él puede causar la creación, o formación de aquello que piensa. Los pensamientos de riqueza conducen a la riqueza y los de escasez producen escasez.

Una persona puede formar objetos, ideas y realidades en su pensamiento, y actuando con fe y decisión sobre ellos puede crear aquello que pensaba.

El lector se preguntará si puedo probar estas afirmaciones, y sin titubear afirmo que sí. Lo puedo evidenciar por lógica y por experiencia.

Por ejemplo, una persona que lea este libro y logre la riqueza financiera como resultado de aplicar los principios aquí expuestos, es una evidencia a favor de lo que digo. Y si cada persona que hace lo que este libro dice logra la libertad financiera, eso es una prueba concluyente de que estos principios son infalibles.

Y así, la teoría continuará siendo aceptada como una verdad, hasta que alguien realice el proceso y falle. Pero, lo cierto es que este proceso no falla para quien adopte los principios de éxito presentados aquí, sin cuestionamientos.

He afirmado que la gente se hace rica haciendo las cosas de cierta manera, y para lograr esto, la gente debe cambiar su manera de pensar y comenzar a hacerlo de manera consistente con los principios del éxito.

El segundo principio es que la manera como una persona hace las cosas es el resultado directo de la forma como piensa acerca de las cosas.

Para hacer las cosas de la manera como quieres hacerlas, debes adquirir la habilidad de pensar de la manera como debes pensar. Esto significa pensar y actuar como sabes que debes hacerlo. Este es el segundo paso de la ciencia de hacerse rico.

Todas las personas tienen el poder natural de pensar lo que quieran pensar, pero se requiere más esfuerzo para pensar como sabes que debes hacerlo, que para pensar y actuar de acuerdo al "que dirán" y a las apariencias. Pensar de acuerdo a las apariencias es fácil; pensar la verdad, sin importar las apariencias o lo que otros puedan decir, es más difícil y requiere más esfuerzo.

No hay actividad a la que más gente le huya que a pensar de manera firme y consecuente con los principios del éxito. Es el trabajo más duro del mundo. Goethe afirma que: "pensar es fácil; actuar es un poco más difícil, pero actuar de acuerdo a nuestros pensamientos más virtuosos es lo más difícil de todo".

El tercer principio es que aquello en lo que nos enfocamos en el mundo tiende a producir una forma equivalente en nuestra mente. Aquello en lo cual te enfocas tiende a expandirse. De manera que si deseamos triunfar, esto requiere que mantengamos siempre un pensamiento enfocado en la verdad.

Debemos empezar por aferrarnos a la verdad de que no hay pobreza, sólo abundancia, puesto que las apariencias y pensamientos de pobreza siempre provocarán formas similares en tu mente,

Pensar en salud en medio de la enfermedad, o pensar en riqueza en medio de la pobreza, requiere destreza. Quien adquiere esta destreza tiene una mente disciplinada, conquistará su destino y obtendrá lo que desee.

Cuando nos damos cuenta de esto nos deshacemos de nuestras dudas y temores, porque sabemos que manifestamos lo que queremos crear, y nos convertirnos en lo que queremos ser. Como primer paso para volverse rico debes aceptar estos tres principios.

Debes considerar estos principios hasta que estén arraigados en tu pensamiento y se hayan vuelto hábitos. Lee estas afirmaciones una y otra vez. Memoriza cada palabra en tu cabeza hasta que creas firmemente en esto. Si una duda aparece, hazla a un lado rápidamente.

No escuches argumentos contrarios a estas ideas, ni asistas a grupos donde se enseñen conceptos contradictorios a estos principios. No leas revistas o libros que no apoyen la idea de que tú eres el arquitecto de tu propio destino con tu manera de pensar. El camino a la riqueza empieza por la absoluta creencia de estos principios.

Capítulo 5

AGREGANDO MÁS VIDA A TU VIDA

*Un gran número de personas,
erróneamente, han llegado a convencerse
a sí mismas de que la riqueza financiera
les cerrará las puertas a la riqueza
espiritual. Pero lo cierto es que Dios
no sólo quiere que seamos ricos
financieramente, sino que seamos ricos
y tengamos abundancia en todas las áreas
de nuestra vida; que seamos ricos
en salud, conocimiento, espiritualidad
y relaciones con las demás personas.*

*—Paul Pilzer,
autor del libro Riqueza ilimitada.*

*D*ebes deshacerte de la idea errónea de que hay un Dios que quiere o demanda que seas pobre, o que sus propósitos se servirán manteniéndote a ti en la pobreza.

La única verdad es que vivimos en un universo de abundancia. Una semilla, sembrada en el suelo, se activa, y en el solo acto de vivir produce cientos de semillas más; la vida al vivir se multiplica sola. Se vuelve siempre más. Debe ser así, si desea continuar existiendo.

La inteligencia está sujeta a esta misma necesidad de incrementar y crecer continuamente. Cada pensamiento que tenemos, genera en nosotros la necesidad de pensar nuevos pensamientos; la conciencia se está incrementando continuamente. Cada talento que cultivamos trae a la mente el deseo de sembrar otro talento; estamos sujetos a la urgencia de la vida, que siempre nos lleva a querer saber más, hacer más y ser más.

Y para saber más, hacer más y ser más debemos tener más. Debemos tener acceso al dinero y a los bienes materiales que nos permitan aprender. Debemos lograr la independencia económica para que podamos vivir más.

El deseo que todo ser humano tiene por lograr riqueza no es más que la aspiración de una vida plena buscando satisfacerse. Cada deseo es el esfuerzo de una posibilidad que busca ser realidad. Es el poder buscando manifestarse lo que origina todo deseo. Aquello que hace que quieras más dinero es lo mismo que hace que crezca una planta; es la vida buscando una expresión más plena. Es el deseo de Dios que seas rico. Él quiere que seas prospero porque puede hacer mejor uso de tu vida para su obra si vives una vida de abundancia.

El universo quiere que tengas todo lo que quieras tener. La naturaleza es amigable a tus planes. Todo en ella ha sido creado para ti. Convéncete de que esto es verdad y triunfarás.

Es esencial que tu propósito esté en armonía con el propósito de todo. Esto implica que busquemos vivir una vida real, no sólo una vida de placer o de gratificación sensual. La vida es el desempeño de funciones con propósito, y el individuo realmente vive, sólo cuando desempeña cada función - física, mental y espiritual – al máximo de su capacidad, evitando los excesos.

No pretendas volverte rico para vivir desenfrenadamente y satisfacer tus deseos carnales. Eso no es la vida. Pero el desempeño de cada función física es parte de la vida, y nadie vive completamente si niega los impulsos normales y saludables del cuerpo.

No busques enriquecerte solamente para disfrutar de los placeres mentales, adquirir conocimiento, gratificar toda ambición, superar a otros, o ser famoso. Todo esto es una parte legítima de la vida, pero la persona que solamente vive para los placeres del intelecto sólo tendrá una vida parcial, y nunca estará satisfecha sólo con esta parte.

No esperes volverte rico solamente para el bien de otros. No es necesario descuidar tu propia vida para experimentar los placeres de la caridad y la misericordia. Los placeres del alma son sólo una parte de la vida, y no requieren que ignores ninguna de las otras partes.

Logra la independencia financiera que tanto anhelas para poder vivir una vida balanceada; para que puedas alimentar tu cuerpo y tu mente con cosas buenas, cuando sea tiempo para ello; para que te puedas rodear de cosas hermosas, y puedas experimentar el placer de visitar tierras lejanas, si así lo deseas; y para que ayudes a otros, seas caritativo con los demás y juegues un papel importante en el mundo.

Pero recuerda que la generosidad extrema no es mejor ni más noble que el egoísmo extremo; ambos son errores.

Deshazte de la idea de que necesitas vivir una vida de sacrificio y negación personal en pos de los demás, porque Dios así lo quiere. Lo que Él quiere es que hagas lo más que puedas de ti mismo, para ti mismo, y para otros. Tiene sentido, ya que vas a poder ayudar mucho más a otros desarrollando al máximo tus talentos, que de cualquier otra manera.

No obstante, recuerda que nada que puedas hacer, que verdaderamente valga la pena, debe ir en detrimento de cualquier otra persona, ya que de la misma manera que el universo desea que tú triunfes, también desea que todos triunfemos. Siempre buscará hacer cosas por ti, pero no se las va a quitar a alguien mas para dártelas a ti.

Debes deshacerte del pensamiento de competencia. Tu función es crear, no competir por lo que ya está creado.

No tienes que quitarle nada a nadie. No tienes que engañar o tomar ventaja de nadie. A todo aquel que realice un trabajo para ti, págale lo justo.

No mires la propiedad de otros con ojos de envidia. No hay nada que otros tengan que, si así lo quieres, tú no puedas tener, y sin quitarle a nadie lo suyo.

Debes convertirte en un creador, no en un competidor. Vas a conseguir lo que quieres, ayudando a otros a lograr lo que ellos quieren, de manera que cuando logres lo tuyo, los demás también tendrán más de lo que tienen ahora.

Hay quienes se vuelven muy ricos, gracias a sus extraordinarias habilidades competitivas, ignorando los principios anteriores. No obstante, lo cierto es que las riquezas conseguidas de esa manera no siempre son satisfactorias o permanentes. Son tuyas hoy y de alguien más mañana. Nunca debes pensar por un momento en acaparar por miedo a la escasez.

Debes saber que hay gran abundancia de recursos naturales que aún no han sido descubiertos. No juzgues la abundancia basado únicamente en lo que puedes ver. No hay escasez, simplemente falta de visión para distinguir la gran riqueza de todo tipo que nos rodea.

La persona pobre, víctima de una mentalidad de escasez, piensa que los mejores terrenos serán tomados antes que ellos estén listos para hacer su casa. Nunca te preocupes ni tengas miedo que perderás lo que tú quieres porque otra persona «te lo va a ganar». Esto es imposible.

Ten presente que no estás buscando nada que sea poseído por nadie más; estás causando y creando lo que tú quieres, y hay para todos en forma ilimitada. Eres el arquitecto de tu propio destino. Recuerda que la mente tiene la capacidad de producir aquello que es imaginado por el pensamiento.

Una persona puede crear en su pensamiento e impregnarlo con fe, convicción, entusiasmo y decisión, para lograr manifestar aquello que piensa.

Capítulo **6**

CÓMO ATRAER LA RIQUEZA HACIA TI

La firmeza de voluntad es el secreto
para construir grandes empresas.
Con esta firmeza comenzamos
por dominarnos a nosotros mismos,
que es la primera condición
para dominar los negocios.

—Balmes

Cuando digo que no es necesario que tomes ventaja de nadie, no me refiero a que no debas ser un buen negociante y buscar las mejores opciones en tu trato con los demás. Me refiero es a que no necesitas hacer tratos injustos. No debes buscar conseguir algo por nada, sino al contrario, siempre debes buscar dar más de lo que recibes, y tu éxito está garantizado.

Quizás no puedas darles a todos más en valor monetario de lo que te dan, pero puedes darles más en otro tipo de valor. Por ejemplo, el papel, la tinta y el trabajo que se emplearon en fabricar este libro puede que no valgan lo que hayas pagado por él, pero si las ideas sugeridas en él te generan mucho dinero, no has sido engañado por quien te lo vendió, ya que has obtenido un gran valor para tu vida y crecimiento personal, a cambio de un pequeño valor monetario.

Cuando pasas del plano competitivo al plano creativo, puedes revisar todas las transacciones que tu negocio realiza, y determinar si con el producto o servicio que vendes a otros estás agregando más valor a su vida que lo que recibes de ellos a cambio. De ser así, estarás añadiendo a la vida del mundo en cada transacción. Si no es así, estás violando uno de los principios más importantes para la creación de riqueza.

Un empleador debe tomar de sus empleados más en valor de lo que les paga, ya que debe tomar el fruto de su trabajo y después venderlo a un precio mucho mayor que el salario que les paga. No obstante, puede mantenerse fiel a los principios de la riqueza, organizando su empresa de manera que agregue otros valores a la vida de sus empleados; por ejemplo, basándose en el principio del desarrollo, para que cada empleado que lo desee tenga la oportunidad de avanzar en la empresa.

Puedes lograr que tu negocio haga por tus empleados lo que este libro está haciendo por ti. Puedes conducir tu negocio a que sea como una escalera para que cada empleado que así lo desee, y esté dispuesto a pagar el precio, tenga la oportunidad de subir por ella y hacerse rico por sí mismo. Si decide no hacerlo no ha sido tu decisión sino la suya.

Y finalmente, es importante aclarar que cuando digo que la creación física comienza con la creación mental y que todo pensamiento puede producir aquello que imagina, no estoy diciendo que si deseas un auto, y formas su imagen en tu mente, éste va a aparecer de la nada frente a tus ojos. Pero si de verdad lo quieres, mantén una imagen mental clara del auto en tu mente, y ten la más segura e incuestionable fe de que éste viene hacia ti. Nunca pienses o hables de él de otra manera que no sea con la seguridad de que lo vas a tener. Reclámalo como tuyo.

El poder de tu pensamiento se encargará de crear las circunstancias que establezcan que dicho automóvil será parte de tu vida. Y de esta manera puedes tener, no sólo este auto, sino cualquier cosa que desees, que represente un avance en tu propia vida y en la de otros.

No dudes en pedir cosas grandiosas. «Es el placer de tu padre, regalarte el reino» dijo Jesús. Él quiere que experimentes una vida de plenitud, y tengas todo lo que quieras para vivir en abundancia. Si te convences de que tu destino es vivir una vida de abundancia, tu fe se volverá invencible.

Una vez vi a un niño sentado al piano, tratando de sacarle armonía al teclado. Estaba consternado por su falta de habilidad para tocar música. Le pregunté la causa de su angustia y me respondió: «Puedo sentir la música en mi, pero no puedo hacer que mis manos hagan lo correcto». La música en él era la urgencia contenida en todo aquello que desea convertirse en realidad. La música buscaba expresión a través del niño.

El universo está siempre a la búsqueda de personas dispuestas a dar lo mejor de sí mismas. Quiere que ellas sean las encargadas de construir el futuro. Está diciendo: quiero manos para construir magníficas estructuras, tocar hermosas armonías y pintar admirables pinturas. Quiero pies para realizar todas las tareas, ojos para ver mis bellezas, lenguas para decir verdades y cantar canciones maravillosas.

Todo lo que hay de posibilidades está buscando su expresión a través de las personas que acepten el reto de ser la máxima expresión de lo que pueden ser. Por esta razón, quiere que aquellos que tocan música tengan pianos y otros instrumentos y que tengan la manera de cultivar sus talentos a la máxima expresión. Quiere que aquellos que saben apreciar la belleza sean capaces de rodearse de cosas hermosas. Quiere que aquellos que aprecian la verdad tengan la oportunidad de viajar y observar, y que los que aprecien la buena comida, puedan comer gustosamente.

Dios quiere todas estas cosas para ti, porque es Él mismo quien las disfruta y las aprecia ya que son su creación. Quiere tocar, cantar y disfrutar de la belleza, decir la verdad, vestir finamente, y comer bien. «Es Él quien trabaja a través de tu voluntad y acciones», dijo el Apóstol Pablo.

Entonces no dudes en pedir mucho. Tu parte es concentrarte y expresar ese deseo.

Esto es difícil para muchas personas. Ellos guardan en su interior aún la vieja idea de que la pobreza y estrechez son muestra de humildad. Ven la pobreza como parte del plan, una necesidad de la naturaleza. Tienen la idea de que ya se ha hecho todo cuanto iba a hacer, y que la mayoría de la gente tiene que aceptar su pobreza porque no hay suficiente para todos. Tan aferrados están a esta equívoca idea que les avergüenza tan siquiera la idea de pedir riquezas. Tratan de no querer más de lo absolutamente necesario para sobrevivir; algo que les provea las mínimas comodidades.

Recuerdo el caso de un estudiante a quien le dijeron que tenía que poner en su mente una imagen clara de las cosas que deseaba, de manera que el pensamiento de éstas comenzara el proceso creativo. Él era un hombre muy pobre, arrendaba una casa, y apenas si lograba cubrir sus gastos y necesidades básicas.

Como te podrás imaginar, le era difícil hacerse a la idea de que todas las riquezas eran de él. Entonces, después de pensarlo, decidió pedir un tapete y un calentador para su casa. Siguiendo las instrucciones de este libro, los consiguió en unos meses.

Entonces se dio cuenta que había pedido muy poco. Así que fue a su casa y planeó todas las mejoras que le gustaría hacer. Agregó ventanas y cuartos, construyendo en su mente su casa ideal. Teniendo esa imagen en su cabeza, empezó a vivir de cierta manera y a moverse hacia lo que él quería. Después de un tiempo comenzó a construir conforme a su imagen mental. Su fe aumentó y hoy se está moviendo hacia cosas mucho más grandes.

A él le fue dado de acuerdo a su fe, y lo mismo sucederá con todos nosotros.

Capítulo **7**

LA GRATITUD

*Si queremos un mundo de paz y
de justicia hay que poner
decididamente la inteligencia
al servicio del amor.*

—Antoine de Saint-Exupery

$\mathcal{L}$os ejemplos presentados en el capítulo anterior buscaban dejar claro cuál es el primer paso para hacerse rico: La importancia de formar en nuestra mente una idea clara de lo que deseamos lograr, la necesidad de comunicarla al universo y reclamarla con fe en que sucederá.

Esto es una verdad absoluta. Sin embargo, para que funcione es necesario desarrollar una relación armoniosa con el universo. De hecho, para asegurarme que veas lo trascendental que es construir esta relación armoniosa, tomaré unos momentos para que reflexiones sobre ciertas instrucciones que, si las sigues, con seguridad te van a unir en pensamiento con el poder supremo.

Todo el proceso mental de ajuste y sintonía puede ser resumido en una sola palabra: Gratitud.

La falta de gratitud mantiene en la pobreza incluso a aquellas personas que han organizado sus vidas correctamente en todos los otros sentidos. Es fácil entender que mientras más cerca vivamos al origen de la riqueza, más riqueza debemos recibir, y también es fácil comprender que la persona agradecida vive más cerca de esta fuente de riqueza que la que nunca se detiene a agradecer nada.

Entre más agradecidos estemos por todas aquellas cosas buenas que nos llegan, más cosas habremos de recibir, y más rápido. Y la razón es simplemente que la actitud mental de agradecimiento nos acerca a la fuente de donde vienen las riquezas.

Si para ti es un concepto nuevo el que la gratitud mantiene tu mente en una armonía más cercana con las energías creativas del universo, considéralo con detenimiento, y verás que es verdad. Las cosas buenas que tienes han llegado hacia ti obedeciendo ciertas leyes. La gratitud llevará tu mente hacia aquello que origina la riqueza, te mantendrá en armonía cercana con el pensamiento creativo y te advertirá cuando estés a punto de caer en el pensamiento competitivo.

La gratitud en si misma te puede mantener viendo hacia el todo, y prevenirte del error de pensar que el suministro es limitado y que la escasez se aproxima, lo cual sería fatal para tu propósito.

Hay una ley de gratitud y es absolutamente necesario que la sigas si quieres obtener los resultados que esperas. Esta ley es el principio natural que establece que la acción y la reacción son dos fuerzas siempre iguales en magnitud, pero que se mueven en dirección opuesta. En otras palabras, toda acción que salga de ti, provocará una reacción igual que se moverá hacia ti.

La gratitud que tu mente exprese por cualquier cosa y hacia cualquier persona, no sólo llegará a su destino, sino que generará una respuesta instantánea hacia ti. Si tu gratitud es fuerte y constante, la respuesta será fuerte y constante; el movimiento de las cosas será siempre hacia ti. Ten presente la actitud de agradecimiento que siempre tuvo Jesús, como si siempre estuviera diciendo: «Gracias Padre, porque me has oído». No puedes ejercer mucho poder sin gratitud.

Pero el valor de la gratitud no sólo consiste en que logra conseguirte más cosas en el futuro. Sin gratitud es imposible experimentar total satisfacción con las cosas como son actualmente.

Si permites que tu mente se sumerja en la desesperación de las angustias asociadas con la vida cotidiana, empiezas a dudar y a perder la firmeza. Fijas tu atención en lo común, en lo ordinario, lo pobre, lo débil y lo malo, y tu mente toma la forma de estos elementos negativos. Como resultado de ello, lo común, lo pobre, lo débil y lo malo se sentirán atraídos hacia ti.

Si le permites a tu mente que se sumerja en lo inferior, te volverás inferior y te rodearás de cosas inferiores. Pero, si te fijas en lo mejor, te rodearás con lo mejor, y serás lo mejor.

La mente agradecida siempre se concentra en lo mejor y, por tanto, tiende a convertirse en lo mejor. Toma la forma o el carácter de lo mejor, y recibe lo mejor.

También, la fe nace de la gratitud. La mente agradecida siempre espera cosas buenas, y esta esperanza engendra fe. La actitud de gratitud produce fe, y cada vez que agradecemos aumentamos nuestra fe. La persona que no tiene sentimiento de gratitud no puede mantener la fe, y sin ella no puede prosperar por el método creativo, como veremos en los siguientes capítulos.

Por lo tanto, es necesario cultivar el hábito del agradecimiento por todo lo bueno que ocurre en nuestras vidas, y hacerlo continuamente.

Capítulo **8**

PENSANDO DE LA MANERA CORRECTA

No es suficiente el poseer una buena mente; lo principal es saber usarla bien.

—Rene Descartes

$\mathcal{R}$egresa al capítulo seis y lee otra vez la historia del hombre que formó la imagen mental de la casa que deseaba, y obtendrás una idea del paso inicial que hay que dar hacia la riqueza. Debes formar una imagen clara y definida de lo que quieres. No puedes transmitir una idea a menos que ya la tengas.

Mucha gente falla porque ellos mismos tienen una imagen vaga de aquello que quieren hacer, tener o ser. No es suficiente tener un deseo borroso de lo que anhelas. Todos tienen ese deseo.

No es suficiente que tengas el deseo de viajar más, ver más, vivir más, etc. Todos tienen esos deseos también. Si vas a mandar un mensaje a un amigo, no le envías las letras del alfabeto para que él descifre o construya el mensaje, ni tampoco le haces llegar palabras del diccionario al azar. Envías una frase coherente que signifique algo específico.

Cuando tratas de imprimir tus deseos en tu mente, recuerda que debe ser por medio de una afirmación clara. Debes saber lo que quieres y ser específico. Nunca vas a lograr triunfar o a echar a andar el poder creativo de tu mente mandando mensajes vagos o imprecisos.

Repasa tus deseos igual que aquel hombre que pensó en su casa. Mira exactamente lo que quieres y consigue una imagen mental clara de cómo lo quieres ver cuando lo tengas.

Debes mantener constantemente esta imagen en tu mente. Así como el marinero tiene la visión del puerto hacia donde va, también tú debes tener la mirada enfocada en tu meta todo el tiempo, sin permitir que las distracciones o las dudas te hagan apartar tus ojos de ella.

No es necesario realizar complejos ejercicios de concentración, establecer horarios rígidos para afirmaciones, «retirarse al silencio», o cosas por el estilo. Y no es que lo anterior esté mal, sino que todo lo que necesitas es saber que quieres y desearlo lo suficiente como para que se fije en tu pensamiento.

Visualiza constantemente esta imagen de tus sueños y metas. Nadie necesita esforzarse para concentrar su mente en algo que realmente quiere. Son las cosas que realmente no nos interesan en las que nos es difícil mantener centrada nuestra atención.

Y a menos que realmente quieras lograr la libertad financiera, y que ese deseo sea lo suficientemente fuerte como para enfocar tu manera de pensar en tu propósito, difícilmente valdrá la pena para ti seguir las instrucciones de este libro.

Los métodos explicados aquí son para quienes su deseo de ser financieramente libre es lo suficientemente fuerte para ayudarlos a romper la inercia, superar la pereza mental y la comodidad, y comenzar a trabajar rápidamente en sus planes.

Entre más clara y definida sea tu imagen, y más pienses en ella, enfocándote en todos sus detalles, más fuerte será tu deseo. Y mientras más fuerte sea tu deseo, más fácil podrás tenerlo en tu mente.

Pero se necesita algo más que simplemente poder ver la imagen con claridad. Si eso es todo lo que haces serás un iluso fantaseador y tendrás poco o ningún poder para lograr lo que quieres. Detrás de tu imagen clara debe encontrarse el propósito y la convicción de realizarla, de convertirla en una expresión tangible.

Detrás de este propósito debe existir una fe invencible e inquebrantable en que lo que deseas ya es tuyo, que está a tu alcance y que sólo necesitas tomar posesión de ello. Es ver tu sueño como si ya fuese una realidad.

Vive en tu nueva casa mentalmente hasta que tome forma alrededor de ti físicamente y sea una realidad. Disfruta en tu mente de las cosas que quieres. Celebra por anticipado tu éxito. «Cualquier cosa que tú pidas con fe, si crees que la vas a recibir, la tendrás» dicen las Sagradas Escrituras.

Observa las cosas que quieres como si estuvieran a tu alrededor. Visualízate teniéndolas y usándolas. Haz uso de éstas en tu imaginación, igual que como las vas a usar cuando sean tuyas. Sumérgete en tu imagen mental hasta que la puedas ver con total claridad tan solo con cerrar los ojos, y después toma la actitud de posesión de ese sueño. Reclámalo como tuyo. Toma posesión de él en tu mente, con la completa fe de que es tuyo. Entrégate a esta posesión mental. No dudes ni por un instante que es real.

Vive en la casa nueva, ayuda a las causas benéficas en las cuales crees, maneja el auto que deseas, observa a tus hijos recibiendo la educación que merecen, viaja a donde siempre has querido viajar. Haz todo esto en tu mente, y con confianza planea más cosas. Piensa y habla de todo aquello que has pedido como si fuera tuyo. Imagina un ambiente y una condición financiera exactamente como las quieres, y vive todo el tiempo en ese ambiente mental y condición financiera hasta que se conviertan en realidad.

No hagas este ejercicio como quien construye castillos en el aire. Abraza la fe de que lo que imaginas se está realizando y el mantente firme en el propósito de que se va a realizar. Recuerda que es fe y propósito en el uso de lo que has visualizado lo que establece la diferencia entre el soñador con intención y el iluso.

No olvides lo que ya mencionamos sobre la gratitud: Sé agradecido desde un comienzo, de la misma manera que esperas serlo cuando dicho sueño sea una realidad. La persona que sinceramente puede agradecer por las cosas que sólo posee en la imaginación tiene una fe verdadera. Será rico. Causará la creación de todo lo que quiera.

Tu parte es formular inteligentemente tu deseo por aquellas cosas que hacen una vida más completa, y después imprimir todo este deseo en tu mente. Tu fe y tu voluntad para trabajar por dicha meta se encargarán del resto. «Cree y recibirás».

Sin embargo, la respuesta a tus oraciones no es de acuerdo a tu fe mientras hablas, sino de acuerdo a tu fe mientras actúas.

No puedes impregnar la mente del Padre teniendo un retiro especial para decírselo, y después olvidarte del asunto por una semana. No lo vas a impresionar teniendo horas especiales de oración, si después olvidas tus promesas y no haces nada lo que te has comprometido a hacer.

La oración te permite clarificar tu visión y reforzar tu fe, pero de nada sirve si no está acompañada por el propósito y la determinación de actuar. Y habiendo aprendido este hecho, es aquí donde debes aprender el uso correcto de la voluntad.

Capítulo **9**

LA VOLUNTAD

*Hay hombres que luchan un día y
son buenos. Hay otros que luchan un año
y son mejores. Hay quienes luchan
muchos años, y son muy buenos.
Pero hay los que luchan toda la vida,
esos son los imprescindibles.*

—Bertolt Brecht

Lograr la libertad financiera no requiere aplicar tu poder en nada que esté fuera de ti. Todo lo que necesitas es trabajar en ti mismo, en tu interior.

Es incorrecto aplicar tu voluntad a otras personas con la intención de que hagan lo que tú quieres. Es tan errado tratar de forzar a la gente con el poder mental como lo es hacerlo por la fuerza física.

Obligar a la gente por la fuerza física es sinónimo de esclavitud; el forzarlos con la fuerza mental logra exactamente lo mismo; la única diferencia está en el método utilizado. Tomar lo que le pertenece a otro por medio de la fuerza física es robo, quitárselo por medio de la fuerza mental también es robar. No hay diferencia alguna.

De la misma manera, es imposible motivar a otros a hacer algo, ya que la verdadera motivación debe salir del interior de cada persona y es algo individual. Muchas veces creemos que estamos actuando "por su propio bien", pero lo cierto es que la decisión de triunfar, ser feliz y hacerse rico es una decisión personal.

No puedes forzar a nadie a querer lograr estas metas. En la mayoría de los casos, cualquier intento de usar tu voluntad para lograr que otros triunfen sólo conseguirá desviarte de alcanzar tu propio propósito. Más que tu voluntad, lo que puede ayudarlos a ellos a tomar sus propias decisiones es tu ejemplo.

Tampoco necesitas aplicar tu voluntad a las cosas para que vengan hacia ti. No tienes que convencer a Dios para que te dé cosas buenas, más de lo que tienes que usar tu voluntad para hacer que salga el sol. Recuerda que Él está más ansioso de darte lo que quieres de lo que tú estás de recibirlo. Lo único que necesitas hacer es usar tu poder de voluntad contigo mismo.

Usa tu voluntad para hacer y pensar lo correcto. Ese es el uso legítimo de la voluntad en conseguir lo que quieras —úsalo en ti mismo para mantenerte en el camino correcto—.

Usa tu voluntad para pensar y actuar de la manera correcta. Usa tu mente para formar una imagen mental de lo que quieres y defender esa visión con fe y propósito. Y usa tu voluntad para mantener tu mente trabajando en el camino correcto.

Entre más estable y continua sea tu fe y propósito, más rápido triunfarás. La imagen de tus deseos, vista con fe y propósito, es lanzada al universo, y mientras se expande, todas las cosas se mueven para su realización. El universo entero conspirará para que triunfes. Cada cosa viviente o inanimada se moverá para hacer realidad aquello que deseas. Todas las fuerzas se canalizarán en esa dirección. Todo se empezará a mover hacia ti. Las mentes de las personas en todos lados serán influenciadas para hacer las cosas necesarias para satisfacer tus deseos, y trabajarán para ti inconscientemente.

Puedes comprobar este principio de una manera muy simple: Imprime un pensamiento negativo en tu mente y observa lo que sucede. La duda o falta de fe seguramente harán que lo que buscas comience a alejarse de ti con la misma certeza con que la fe hace que las cosas lleguen a ti. El no entender esto es lo que hace que mucha gente fracase para lograr sus objetivos.

Cada hora o momento que pasas con tus dudas o miedos, cada momento que te preocupas, cada instante que la falta de fe se apodera de ti, hace que se inicie un movimiento en dirección contraria a ti, de las cosas que deseas.

Como la fe es tan importante, es primordial que cuides tus pensamientos, porque tus creencias serán moldeadas en gran medida por lo que observas y piensas. Es vital que controles a que le prestas tu atención, y lo que permites que entre en tu mente. Es aquí donde tiene gran uso tu voluntad, porque es ella la que determina que cosas van a llamar tu atención, y que cosas vas a permitir que encuentren cabida en tu mente.

Si quieres vivir una vida de riqueza, no debes estudiar la pobreza.

Tus deseos no se hacen realidad pensando en sus opuestos. La salud no se consigue estudiando la enfermedad o pensando y concentrándote en la enfermedad, lo correcto no se promueve estudiando lo errado o albergando pensamientos nocivos en tu mente; y nadie se ha hecho rico estudiando la miseria o pensando en la escasez.

No hables de la pobreza, no la investigues, no te ocupes de ella, ni te intereses en cuáles son sus causas; no tienes nada que ver con eso. Lo que te debe importar es la cura. Pon la pobreza y todo lo que se le relacione atrás de ti, y "haz el bien".

No malgastes tu tiempo pensando en las terribles consecuencias de la pobreza. Inviértelo en lograr tu independencia financiera. Esa es la mejor manera en que puedes combatir la pobreza, y estarás en mejor posición de ayudar a los pobres.

No puedes mantener en tu mente la imagen de lo que quieres, si llenas tu cabeza de escasez y de todos los males asociados con ella. No leas libros o periódicos que tiendan a concentrarse en la indigencia y miseria reinante. No leas o veas nada que atiborre tu mente con imágenes de penuria o sufrimiento.

No puedes ayudar en lo más mínimo a los pobres mirando estas cosas. El bombardear tu cerebro continuamente con esto no contribuirá a eliminar la pobreza.

Desterrar la pobreza de la vida de una persona comienza con ayudarla a que alimente su mente con imágenes de riqueza, de abundancia y con posibilidades.

No estás abandonando a los pobres en su miseria cuando te rehúsas a llenar tu cabeza con imágenes de escasez.

La pobreza no se va a arreglar incrementando el número de gente rica que piensa en la pobreza, sino incrementando el número de gente pobre que haga un espacio en su mente para pensamientos de riqueza y tenga el propósito y la fe para hacerse autosuficiente.

Los pobres no necesitan compasión; necesitan inspiración. La compasión sólo les manda un pedazo de pan para mantenerlos vivos en su miseria, o les da un entretenimiento para que se olviden por una o dos horas de su condición. Pero la inspiración puede lograr que se levanten y salgan de su miseria. Si quieres ayudar a los pobres demuéstrales que se pueden hacer ricos. Demuéstraselos haciéndote rico tú.

La única manera en que la pobreza será erradicada de este mundo es consiguiendo que un gran número de personas adopte los principios de abundancia que hemos mencionado.

La gente debe aprender que la manera de triunfar es creando no compitiendo. Quien logra la riqueza por competencia destruye la escalera por la cual subió, y cierra el camino para que otros suban. Quien triunfa creando, abre la puerta para que miles puedan entrar por ella –y los inspira a hacerlo—.

No estás demostrando dureza de corazón o falta de caridad cuando te niegas a tenerle lástima a la pobreza, a ver la pobreza, a leer o escuchar de la pobreza, o a pensar en ella. Usa tu voluntad para mantener tu cabeza lejos de la pobreza y enfocada con fe y propósito en la visión de lo que quieres y vas a crear.

Capítulo **10**

Cómo utilizar el extraordinario poder de la voluntad

El ayer no es más que un sueño, el mañana no es más que una visión, pero el presente bien vivido hace de cada ayer un sueño de felicidad y de cada mañana una visión de esperanza. Por lo tanto, prestemos atención a ese día.

—Proverbio

No puedes tener una visión clara y verdadera de la riqueza si constantemente pones tu atención en cosas opuestas a dicha visión. Es imposible triunfar si actúas de manera contraria a los principios del éxito.

No hables de los problemas financieros pasados, si los has tenido. No te sumerjas en ellos, ni comentes de la pobreza de tus padres o de las dificultades de tu niñez. Hacer cualquiera de estas cosas es clasificarte como pobre por ese momento, y seguramente esta actitud detendrá el flujo de riqueza hacia ti. Pon la pobreza y todas las cosas que se relacionan con ella completamente fuera de ti.

No leas libros que te dicen que el mundo está cada vez peor. Evita los escritos e ideas de aquellos filósofos o pensadores cínicos y pesimistas que dicen que todo se ha ido a la perdición, y que todo tiempo pasado fue mejor. El mundo es hermoso y el futuro está lleno de oportunidades y abundancia.

Es verdad, puede haber muchas condiciones actuales que no son agradables, pero ya pasarán, así que ¿cuál es la ventaja de estudiarlas? Entre más nos enfoquemos en ellas más detenemos el proceso para que llegue el éxito a nosotros. ¿Por qué malgastar tiempo y atención en cosas que van a desaparecer, cuando te puedes enfocar en las cosas que se están desarrollando?

Piensa en las riquezas de las que se está llenando el mundo, más que en la pobreza de la cual está saliendo, y entiende que la única manera en que puedes ayudar al mundo a que sea más rico es volviéndote rico tú de una manera creativa, agregando valor al mundo.

Pon tu atención por completo en pensar de manera abundante. Cuando pienses o hables de aquellos que aún no han logrado la libertad financiera, refiérete a ellos como personas que están en proceso de volverse ricos, como quienes tienen que ser felicitados más que tenerles lástima. Entonces ellos y otros atraparán esta inspiración, y buscarán una salida a sus problemas.

Todo lo que es posible en el camino del desarrollo, viene a través de una mentalidad de riqueza. Alguna gente se mantiene en la pobreza porque ignora que hay riqueza para ellos, y esto puede ser mejor enseñado con tu ejemplo que con tus sermones.

Otros son pobres porque, aunque saben que hay una salida, son demasiado perezosos mentalmente, para hacer el esfuerzo necesario de encontrar la salida y seguirla. Para ellos, lo mejor que puedes hacer es demostrarles la libertad y autonomía que viene cuando se logra la autosuficiencia financiera.

Otros son pobres porque aunque tienen un conocimiento de este patrón de vida, están tan confundidos entre tantas teorías que conocen, que no saben qué camino tomar. Intentan una mezcla de varios sistemas y fracasan en todos. Para ellos también, lo mejor es demostrarles con tu ejemplo y práctica. Una onza de acción vale por una libra de teoría.

Lo mejor que puedes hacer por todo el mundo es hacer lo más que puedas por ti mismo, utilizando al máximo el potencial y los dones de los cuales has sido dotado.

Para esto, es importante que leas estos principios todos los días. Apréndetelos hasta que logres convertirlos en hábitos. Si no lo haces, si no eres constante, empezarás a tener dudas y no estarás seguro en tu pensamiento. Y entonces empezarás a fallar.

De igual manera, limita tu lectura a aquellos temas que están en armonía con tu autoimagen, tus metas y con los principios de éxito que deseas que guíen tu vida.

Una vez que hayas desarrollado el hábito de alimentar tu mente únicamente con aquello que contribuya a desarrollar una mentalidad de abundancia, el siguiente paso es vivir y actuar de esa manera.

Capítulo 11

ACTUANDO DE LA MANERA CORRECTA

Por muchas riquezas que el hombre
posea y por grandes que sean la salud
y las comodidades que disfrute, no se
siente satisfecho si no cuenta con
la estimación de los demás.

—*Blaise Pascal*

$\mathcal{N}$uestra manera de pensar y nuestros pensamientos son la fuerza que hace que el poder creativo actúe. Pensar de la manera correcta te traerá riquezas, pero no debes confiar en el pensamiento solamente, sin prestar atención al comportamiento. Ese es el muro contra el cual chocan muchos pensadores y filósofos –la incapacidad para conectar el pensamiento con la acción—.

No hemos alcanzado el grado de desarrollo, suponiendo que sea posible, en el cual la persona pueda crear directamente la realidad que desea sin tener que actuar. Una persona no puede limitarse a pensar, sus acciones personales deben complementar su pensamiento.

Tu manera de pensar te puede mostrar cómo extraer y utilizar el oro que se encuentra enterrado en las montañas. Sin embargo, tu poder mental no logrará que se extraiga solo, se refine, se acuñe en monedas y ruede hacia tu bolsillo.

Tu pensamiento puede hacer que el universo trabaje para proveerte lo que deseas, pero tu actividad personal debe ser tal que recibas justamente lo que quieres cuando llegue hacia ti. No lo vas a recibir de caridad, ni te llegará sin hacer nada.

El uso perfecto del pensamiento consiste en formar una imagen clara y detallada de lo que quieres, en abrazar tu propósito de obtenerlo, y en agradecer con fe que lo estás consiguiendo.

No trates de "proyectar" tu pensamiento de ninguna manera oculta o misteriosa, con la idea de que vaya a hacer cosas por ti sin tu esfuerzo personal. Este es un esfuerzo desperdiciado y debilitará tu poder de pensar bien.

Tu trabajo no puede limitarse a supervisar el proceso creativo. Tienes que mantener tu visión, apegarte a tu propósito, mantener tu fe y gratitud, Y luego, debes actuar de manera consistente con tus planes.

Cuando las cosas te llegan, vendrán de las manos de otros, que requerirán algo equivalente a cambio. Y sólo podrás tener lo que es tuyo dándole a los demás lo que les pertenece.

El albergar pensamientos de riqueza no hará que por arte de magia tu cartera se transforme en una fuente infinita de dinero, sin esfuerzo de tu parte. Este es un punto crucial en el camino a la riqueza. Es aquí donde el pensamiento y la acción personal se unen. Hay mucha gente que consciente o inconscientemente, pone a actuar las fuerzas creativas mediante la fuerza y la persistencia de sus deseos, pero permanecen pobres porque no actúan decididamente para lograr que sus ideas se materialicen.

El pensamiento correcto atrae hacia ti aquello que deseas. La acción hace que puedas recibirlo. Sin acción, las oportunidades que buscabas pueden pasar frente a ti sin que las veas. Si es así, de nada te sirvió atraerlas a ti mediante el uso del pensamiento correcto.

Cualquiera que sea la acción que debes realizar para empezar a moverte hacia la realización de tus metas, es evidente que debes actuar de inmediato. No puedes actuar en el pasado, y es esencial para la claridad de tu visión que evites vivir en el pasado. No puedes actuar en el futuro, porque el futuro no está aún aquí. Y no puedes saber como vas a actuar frente a una eventualidad hasta que ésta llegue.

El que no te encuentres en el momento o circunstancia óptima ahora, no quiere decir que debas posponer la acción hasta que tales circunstancias se den. No malgastes tu presente pensando en cómo reaccionarás ante futuros eventos; ten fe en tu habilidad de manejar cualquier emergencia cuando ésta llegue.

Si actúas en el presente con tu mente en el futuro, tu acción actual será el producto de una mente dividida, y no será efectiva. Planea para el futuro, pero pon toda tu mente en la acción presente.

No instruyas tu subconsciente con lo que deseas lograr, para sentarte luego a esperar resultados. Si lo haces, nunca los obtendrás. Actúa ahora. No hay otro tiempo más que el ahora, y no habrá otro tiempo más que el ahora. Si has decidido empezar a trabajar para recibir lo que quieres, no hay mejor momento que empezar ahora.

Empieza donde estás hoy, en tus circunstancias presentes. Empieza con quien eres en este momento. No puedes empezar desde donde no estás, ni desde donde has estado, ni puedes actuar donde vas a estar. Sólo puedes actuar empezando donde estás.

No te preocupes de si el trabajo de ayer estuvo bien o mal hecho, haz bien el trabajo de hoy. No trates de hacer el trabajo de mañana hoy, ya habrá suficiente tiempo para hacerlo en su momento. No esperes por un cambio en tu entorno o en tus circunstancias personales antes de actuar; propicia el cambio en tu entorno con tus acciones. Puedes actuar en tu entorno presente, para propiciar un mejor entorno.

Abraza con fe y propósito la visión de ti mismo en un mejor ambiente, pero actúa en tu ambiente actual con todo tu corazón, con toda tu fuerza, y con toda tu mente. No desperdicies tu tiempo fantaseando; piensa en la visión de lo que quieres y actúa ya mismo.

No busques algo totalmente nuevo que hacer, o algo inusual, como tu primer paso en el camino a lograr la riqueza. Es muy probable que tus acciones, al menos por un tiempo, sean las mismas que has venido realizando hasta ahora. Si te encuentras en un negocio o profesión, y sientes que no es lo tuyo, o si tu negocio no está en el nivel que deseas, no esperes a estar en el negocio o nivel correcto para empezar a actuar. No esperes a cambiar de profesión o trabajo antes de comenzar a pensar y actuar de una manera consistente con los principios de éxito que has aprendido. ¡Actúa!

No te desanimes ni te sientes a lamentarte porque crees que no estás haciendo lo que quieres. Visualízate estando en el negocio correcto, o visualiza tu negocio en el nivel que deseas verlo, con el propósito de desempeñarte pronto en él y la fe de que vas a estar allí, pero actúa ya, en el presente. Tu visión del negocio correcto, mantenida con fe y propósito, hará que el negocio correcto se mueva hacia ti. Y tu acción, si es ejecutada de la manera correcta, hará que tú te dirijas hacia el negocio correcto.

Si eres un empleado o un obrero y sientes que debes cambiar de lugar para obtener lo que quieres, no "proyectes" tu pensamiento en el espacio esperando que te consiga un mejor trabajo. Probablemente fracases en hacerlo.

Mantén en tu mente la visión de lo que deseas hacer y actúa con fe y propósito en el trabajo que tienes, mientras piensas en el trabajo o negocio ideal y actúas para hacer que se convierta en realidad.

Tu visión y tu fe moverán las fuerzas creativas hacia ti, y tus acciones harán que las fuerzas a tu alrededor te dirijan hacia el negocio que quieres.

Capítulo 12

LA ACCIÓN EFICAZ

*Las oportunidades son como
los amaneceres: si uno espera
demasiado, se los pierde.*

—William George Ward

Sólo puedes avanzar en la vida siendo mucho más grande que tus circunstancias presentes y tu estado actual. En general, el mundo avanza gracias a aquellos que trabajan con mayor efectividad y autonomía en todo lo que hacen y responden a sus labores a cabalidad.

El progreso del mundo se retraza debido a aquellos que no hacen su parte a cabalidad en su trabajo actual. Tienes que ser más grande que cualquier labor. La sociedad no podría avanzar si todos nos desempeñáramos por debajo de nuestro propio potencial, o nos conformáramos con responder a las demandas mínimas de nuestros trabajos.

Cada día es un día de éxito o un día de fracaso, y son los días exitosos los que te ayudan a conseguir lo que quieres. Si cada día es un fracaso no te puedes volver rico, mientras que si cada día es un éxito, no puedes evitar vivir una vida de riqueza.

Si hay algo que se puede hacer ahora y no lo haces, has fallado en cuanto a eso se refiere, y las consecuencias pueden ser más desastrosas de lo que imaginas. El no trabajar diligentemente en lo que sabes que debes hacer –grande o pequeño— evitará que puedas ver los resultados de tus actos; no te percatarás de las fuerzas que se están moviendo hacia ti. Muchas cosas pueden depender de realizar una simple acción, y ese pequeño acto puede ser lo que te abra la puerta de las oportunidades. Sin embargo, no lo sabrás si no encaras cada día con la actitud de hacer todo lo que puedas hacer de la mejor manera posible.

Sin embargo, existe una limitante en lo que acabo de mencionar que debes considerar. No debes trabajar en exceso o apurarte ciegamente en el esfuerzo de hacer la mayor cantidad de cosas en el menor tiempo posible.

No se trata de que quieras hacer el trabajo de mañana hoy, o hacer el trabajo de una semana en un día. Lo que cuenta en realidad no es el número de cosas que hagas, sino la efectividad de cada cosa que hagas.

Cada acto, en sí mismo, es un éxito o un fracaso. Cada acto es efectivo y eficiente o inefectivo e ineficiente.

Cada acto ineficiente es un fracaso. Si te pasas la vida realizando actos ineficientes, tu vida será un fracaso. Y mientras más actos de éstos realices, será peor para ti. Recuerda que la vida es la sumatoria de todos tus actos.

Por el otro lado, cada acto efectivo es un éxito, y si cada acto de tu vida es un acto efectivo, tu vida será un éxito. La causa del fracaso es hacer demasiadas cosas de una manera ineficiente y no hacer suficientes cosas de una manera efectiva.

Verás que es una verdad evidente que si no realizas acciones ineficientes y haces suficientes acciones eficientes, te volverás una persona exitosa. Es matemático, tu éxito es la suma de todas las acciones efectivas que realices.

Lo importante es ver si puedes lograr que cada acto sea un éxito. Y la respuesta es un rotundo sí. Cada acción es un acto fuerte o débil; cada acto te fortalece o te debilita. Y cuando cada acción es fuerte, estás actuando de una manera consistente con los principios de la abundancia y la riqueza. La fortaleza y eficiencia de cada actividad se logra manteniendo una visión enfocada mientras la realizas y poniendo todo el poder de tu fe y propósito en ello.

Es en este punto en donde fracasan aquellos que separan la parte mental de la acción personal decidida. Usan el poder de la mente en un lugar y en un momento, pero no actúan, y después actúan en otro lugar y momento sin utilizar el poder de su mente. Por esta razón, sus actos no son exitosos en sí, sino ineficientes e improductivos. Pero si todo el poder – mental y de acción— se aplica a cada actividad, no importa que tan trivial sea, cada acto será un éxito en sí mismo. Y puesto que la naturaleza de las cosas es que cada éxito conduzca a un nuevo éxito, tu progreso hacia lo que quieres se volverá más rápido.

Recuerda que la acción exitosa es acumulativa en sus resultados. Cuando una persona se empieza a mover hacia una vida de abundancia, comienza a experimentar más éxitos, atrae más riqueza, y se multiplica la influencia de su deseo.

Haz, cada día, todo lo que puedas hacer ese día. Da el 100% de ti y realiza cada actividad de la manera más efectiva posible.

Al decir que debes mantenerte enfocado en tu visión mientras realizas cada actividad, sin importar que tan trivial sea, no me refiero a que sea necesario que debas pensar hasta en el más mínimo detalle de tu plan de éxito todo el tiempo. Sin embargo, debes emplear suficiente tiempo afinando los detalles de tu visión hasta que estén fijos en tu memoria.

Esta visualización continua logrará ayudarte a crear esa imagen clara de lo que quieres –hasta sus mínimos detalles– tan firmemente fija en tu mente, que en tus horas de trabajo sólo necesitas referirte a dicha imagen mental para estimular tu fe, y lograr realizar tu mejor esfuerzo en la actividad que tengas frente a ti.

En tus horas libres, visualiza la imagen mental que has creado de tus metas. Hazlo hasta que tu conciencia esté tan llena de ella que la puedas ver instantáneamente. Te volverás tan entusiasta con esto que el solo pensamiento de lo que deseas, logrará crear en ti un alto grado de motivación, y obtener las mayores energías de ti mismo.

Capítulo **13**

EL NEGOCIO IDEAL

Hay una manera de pensar que ofrece a ciertas personas mejores opciones de triunfar que a otras y es la mentalidad millonaria que suele encontrarse en aquellas que trabajan mejor cuando lo hacen por entero para sí mismas en su propia empresa.

—J. Paul Getty

$\mathcal{E}$l éxito en cada negocio específico depende de que poseas las facultades requeridas para ese negocio. Ahora bien, no debemos ser demasiado rápidos en aceptar que no contamos con dichas facultades.

Si bien es cierto que sin buenas facultades musicales nadie puede ser exitoso como intérprete, o sin las facultades físicas para triunfar en los deportes nadie puede aspirar a ganar una medalla de oro en una competencia olímpica, la gran mayoría de los seres humanos poseen cualidades de las cuales ni ellos mismos son conscientes.

De otro lado, el poseer las facultades requeridas en tu vocación no asegura que lograrás el éxito y la riqueza. Hay músicos que tienen bastante talento, y que permanecen pobres. Hay carpinteros, y mecánicos que tienen grandes capacidades técnicas, que no se hacen ricos. Y hay comerciantes con buenas facultades para tratar con la gente y sin embargo fracasan.

La razón es sencilla, las diferentes facultades son herramientas. Es esencial tener buenas herramientas, pero también es esencial que éstas se usen de la manera correcta y en el trabajo adecuado.

Una persona puede tomar la mejor sierra, una escuadra, un buen plano, y construir un bonito mueble. Otra puede tomar las mismas herramientas y ponerse a duplicar el artículo, pero obtener un trabajo mediocre, todo como resultado de no saber cómo usar las herramientas de la manera apropiada.

Las diversas facultades de tu mente son las herramientas con las que debes hacer el trabajo para lograr la riqueza. Así que será más fácil para ti ser exitoso si entras a un negocio para el cual estés bien preparado con las facultades indicadas.

Generalmente, te irá mejor en un negocio en el que uses tus facultades más fuertes –para el cual estás naturalmente "mejor preparado"—. Pero, nadie debe considerar su vocación como que ya está definida debido a las aptitudes con que ha nacido. Puedes hacerte rico en cualquier negocio, puesto que si no tienes el talento adecuado, puedes desarrollarlo. Simplemente significa que tendrás que desarrollar tus herramientas en el camino. El líder aprende a dirigir dirigiendo.

Se podría argumentar que lo más fácil para cualquier persona sería triunfar en una vocación para la cual ya tiene los talentos y habilidades bien desarrollados, pero lo cierto es que nadie nace con sus talentos totalmente desarrollados. Desarrollar tus habilidades al máximo requiere tiempo, dedicación, disciplina y, sobre todo, acción. Puedes triunfar en cualquier vocación para la cual desarrolles el talento necesario. La buena noticia es que no hay ningún talento que no tengas desarrollado por lo menos al nivel más básico.

Es indudable que te harás rico más fácilmente en términos de esfuerzo, si haces aquello para lo cual estás mejor dotado. Sin embargo, será mucho más satisfactorio el lograrlo, haciendo lo que quieres hacer, así esto requiera más esfuerzo de tu parte y un mayor trabajo en el desarrollo de tus talentos y habilidades.

Hacer lo que tú quieres hacer es *vivir*. No hay verdadera satisfacción en la vida al estar haciendo algo que no queremos y nunca hacer lo que realmente queremos hacer. Y lo cierto es que todos podemos hacer cualquier cosa que nos propongamos hacer. El que exista en nuestra mente y nuestro corazón el deseo de hacerlo es la prueba que dentro de nosotros se encuentra el poder y la capacidad para lograrlo.

El deseo es una manifestación de poder.

Si dentro de ti se encuentra el deseo de tocar música, ese poder buscará expresarse y te permitirá desarrollar el talento que, en mayor o menor grado, ya reside dentro de ti. De igual manera, el deseo de crear nuevas empresas y negocios es el talento emprendedor buscando expresión y desarrollo.

Donde no hay poder, ya sea desarrollado o sin desarrollar, para hacer algo, no existe el deseo para hacerlo. Sin embargo, cuando hay un gran deseo de hacer algo, es una prueba de que el poder para hacerlo ya existe dentro de ti, y sólo requiere ser desarrollado y aplicado de la manera correcta.

De cualquier manera, para lograr la riqueza, lo más efectivo es buscar un negocio en el cual estés trabajando para ti mismo, desarrollando los talentos y las habilidades para realizarlo de la manera más eficiente y haciendo de él tu gran meta.

Puedes hacer lo que quieres hacer, y es tu derecho y privilegio seguir el negocio o la vocación que te sea más natural y satisfactoria. No estás obligado a hacer lo que no quieras, a menos que sea de manera temporal, mientras logras llegar a donde deseas.

Si en el pasado hubo situaciones o circunstancias que te pusieron en un trabajo que no deseas o en un ambiente inadecuado, puede que, por un tiempo, tengas que hacer lo que no quieres hacer, pero aún así, puedes hacerlo con placer, si sabes que es algo temporal, y que al mismo tiempo estás trabajando en tu plan para hacer lo que verdaderamente quieres.

Si esta es tu situación, no te desesperes ni te precipites, la mejor manera de lograr la transición del trabajo presente al negocio que quieres, es mediante el crecimiento y la preparación continua y constante.

No obstante, no tengas miedo de realizar un cambio repentino y radical si la oportunidad llegase a presentarse. Asegúrate que es la oportunidad correcta y actúa. Nunca actúes súbitamente cuando tengas dudas. Nunca hay necesidad de apurarse en el plano creativo, ya que no hay escasez de oportunidades.

Cuando sales de la manera de pensar competitiva vas a entender que nunca necesitas actuar de forma apurada. Nadie te va a ganar en llegar a aquello que quieres hacer; hay suficiente para todos. Si un espacio es tomado, uno mejor se abrirá para ti después. Cuando tengas dudas, espera. Visualiza en tu mente las metas y sueños que deseas lograr, incrementa tu fe y propósito, mantén una actitud de gratitud, y esto te ayudará a decidir cuál es la mejor decisión que hay que tomar. Sin embargo, no permitas que las dudas infundadas de detengan y te paralicen.

Los errores vienen de actuar apresuradamente sin tener claridad de propósito, o de actuar con miedo o duda, olvidándose del motivo correcto, que debe ser más vida para todos, y menos para ninguno.

Mientras avances de manera correcta por la vida, las oportunidades se multiplicarán, y necesitarás ser muy estable en tu fe y propósito, y sobre todo, deberás mantener siempre un espíritu de gratitud.

Haz todo lo que puedas de la manera correcta cada día, pero hazlo sin apurarte, sin preocuparte y sin miedo. Ve lo más rápido que puedas, pero sin apurarte.

Recuerda que en el momento que empiezas a apurarte ya no eres un creador y te vuelves un competidor. Retrocedes al plano competitivo.

Cada vez que te sientas apurado, tómate tu tiempo. Fija tu atención en la imagen mental de lo que quieres y empieza a dar gracias de que ya lo estás obteniendo. El ejercicio de gratitud nunca fallará en reforzar tu fe y renovar tu propósito.

Capítulo **14**

LA IDEA DEL MEJORAMIENTO CONTINUO

Vivir responsablemente no es algo cómodo. Sin embargo, nuestro deber es asegurarnos que todos podemos convivir armónicamente y hacer lo que esté a nuestro alcance para lograrlo. El secreto de la existencia humana no sólo está en vivir, sino también en saber para qué se vive.

—*Fedor Dostoievski*

Permíteme ofrecerte una palabra de precaución en cuanto a motivos se refiere: Evita caer en la tentación de sentir que tienes poder sobre otras personas.

Nada es más tentador para la mente en proceso de formación que el sentir que tiene poder o dominio sobre otros. Este deseo puede llegar a convertirse en una maldición. Por siglos, reyes y dictadores han bañado el mundo con sangre en sus batallas por extender sus dominios –no para conseguir más vida para todos, sino más poder para sí mismos—.

Hoy aún sucede lo mismo. Muchas personas envían sus ejércitos de dinero, fama y poder en su falsa pretensión de cautivar al mundo, y dejan desperdiciadas las vidas y corazones de millones en la misma lucha de poder sobre otros.

Cuídate de la tentación de buscar poderío y soberanía sobre otros. Evita a toda costa volverte un ídolo, o querer ser considerado como alguien que está por arriba de los demás. Cuando sucumbes ante esta tentación dejas de ser un instrumento de cambio y de mejorar e incrementar la vida de otros y la tuya.

La mente que busca control sobre las demás personas es la mente competitiva, no la mente creativa.

Para poder controlar tu entorno y tu destino, no es necesario que gobiernes sobre los demás y, sin duda, cuando caigas en la lucha común por los lugares más altos, empiezas a ser guiado por el destino y las circunstancias, y el lograr la riqueza se convierte en cuestión de suerte y especulación.

¡Mantente alerta ante la presencia de la mente competitiva! No hay mejor frase sobre el principio de la acción creativa que la «regla de oro» de Jones de Toledo: «Lo que quiero para mí, lo quiero para todos».

Capítulo **15**

LA PERSONALIDAD CORRECTA PARA TRIUNFAR

*Lo mejor que podemos hacer por otro no
es sólo compartir con él nuestras riquezas,
sino mostrarle las suyas.*

—*Benjamín Disraeli*

$\mathcal{L}$o que he escrito a todo lo largo de esta obra se aplica para cualquier persona, tanto para el profesional como para el técnico, el empresario o el empleado.

No importa si eres médico, vendedor, o maestro, si le puedes dar incremento de vida a los demás y hacer que se den cuenta de eso, serán atraídos hacia ti, y la prosperidad reinará en tu vida. El médico que tiene una imagen de sí mismo como la de un exitoso guardián de la salud de sus pacientes, y que trabaja para la realización de esa visión con fe y propósito será increíblemente exitoso, los pacientes vendrán a él de manera continua.

No sólo esto, sino que aquellos médicos que se aferren a una imagen de ellos mismos como exitosos, y obedezcan las leyes de la fe, propósito, y gratitud, serán capaces de curar cualquier caso curable que se les presente.

El mundo está deseoso de ver estos principios expresados en todas las áreas, profesiones y actividades de la vida cotidiana. Necesitamos personas que no sólo nos digan cómo lograr crear una vida de abundancia, sino que nos demuestren con su ejemplo de vida cómo es que ellas lo han logrado. Necesitamos que el guía en sí mismo sea próspero, enérgico y amado, de manera que nos pueda enseñar cómo desarrollar esos mismos estados de conciencia en nuestra vida.

Lo anterior también es válido para el maestro que inspire a sus alumnos con la fe y el propósito del mejorar y avanzar en la vida. Él nunca se quedará «sin trabajo». Cualquier maestro que posea esta fe y propósito puede transferirlos a sus estudiantes. No puede evitar dárselos a ellos si es parte de su vida y de sus hábitos.

De igual manera pueden hacer todas las personas, independientemente del trabajo, negocio o profesión en los que se estén desempeñando.

La combinación de su enfoque mental y su acción decidida es infalible; no pueden fallar. Cada hombre y mujer que siga estas instrucciones constante y perseverantemente logrará el éxito y la libertad financiera. Lograr la riqueza es el resultado de un plan puesto en marcha, no el resultado de la suerte o las circunstancias.

El obrero encontrará que esto es cierto para él así como lo es para los demás. No sientas que no tienes la oportunidad de hacerte rico porque trabajas donde no hay oportunidad visible de progreso, la paga es poca y el costo de vida alto. Forma tu imagen mental clara de lo que quieres, y empieza a actuar con fe y propósito.

Haz todo el trabajo que debes hacer cada día con excelencia y efectividad. Al mismo tiempo, mira que otras oportunidades de mejoramiento y crecimiento hay a tu alcance. Desarrolla los hábitos de éxito que sabes que te conducirán al éxito. Pon el poder del éxito y el propósito de hacerte rico en cada cosa que hagas.

Pero no hagas esto meramente para ganar el favor de tu empleador, con la esperanza de que él vea tu buen trabajo y te promueva, ya que es posible que no suceda. Hazlo porque al hacerlo estás creciendo, mejorando y atrayendo hacia ti mejores oportunidades que pronto te mostrarán el camino hacia la libertad financiera.

La persona que solamente es un «buen» trabajador, desempeñándose al alcance de sus habilidades y satisfecho con eso, tiene un mayor valor para su empleador donde se encuentra. No es de interés para su empleador promoverlo, ya que vale más en donde está.

Para asegurar el desarrollo, algo más es necesario que satisfacer las demandas de tu posición actual.

La persona que seguramente avanzará es la que da más de lo que su posición demanda, que tiene un concepto claro de lo que quiere ser, que sabe que lo puede lograr, y que está decidida a ser lo que quiere ser.

No trates de llenar tu lugar actual con la idea de complacer a tu empleador. Hazlo con la idea de avanzar tú. Abraza la fe y el propósito de mejoramiento continuo durante las horas de trabajo, después de las horas de trabajo, y antes de las horas de trabajo. Mantenlo de manera de que cada persona que entre en contacto contigo, ya sea un cliente, compañero de trabajo, o amigo, sientan el poder del propósito irradiando de ti. La gente será atraída hacia ti, y si no hay la posibilidad de adelanto en tu trabajo actual, pronto verás la oportunidad en otro trabajo, otra profesión o desarrollando tu propio negocio.

Hay un poder que nunca falla en presentarle oportunidades a la persona que avanza y que se mueve siguiendo los principios del éxito. Ya has escuchado la orden: ayúdate y Yo te ayudaré. Si actúas de cierta manera, el universo conspirará para que triunfes.

No hay nada en tus condiciones actuales o en la situación de la economía que te pueda mantener abajo o te pueda detener para vivir la vida que quieres y mereces. Nadie está condenado a trabajar por poco. Los bajos sueldos durarán mientras la gente se conforme con poco, o ignore las leyes del éxito financiero, o les dé pereza practicarlas.

Adopta los principios de la abundancia; cambia tu manera de pensar y actuar, y tu fe y propósito te harán ver prontamente cualquier oportunidad que te permita mejorar en tu posición. Esas oportunidades vendrán rápidamente, porque el poder supremo, trabajando para todos y trabajando para ti, las traerá y atraerá hacia ti.

No esperes por la "gran" oportunidad para ser *todo* lo que quieres ser. Cuando una oportunidad de ser más de lo que eres actualmente se te presente y te sientas inclinado a tomarla, tómala. Será el primer paso hacia una oportunidad aún más grande.

No existe en este universo el concepto de "falta de oportunidades" para la persona que avanza en la vida.

Es una ley inquebrantable del universo que la riqueza de toda naturaleza se mueve hacia aquellas personas que han desarrollado una mentalidad de prosperidad. Por lo tanto, deja que los que ganan el salario mínimo estudien estos principios con cuidado, que ejecuten con confianza la manera de actuar que prescriben y pronto comenzarán a ver un mejoramiento e incremento en sus ingresos. No fallará.

Capítulo 16

PRECAUCIONES
Y OBSERVACIONES FINALES

Piensa como ser de acción,
y actúa como ser pensante.

—Thomas Mann

Muchas personas seguramente se burlarán ante la idea de que exista una ciencia o un camino para lograr la riqueza. Si tienen la impresión de que la riqueza es un recurso limitado, insistirán en que las instituciones sociales y el gobierno deben ser cambiados antes de que un número considerable de gente pueda salir adelante.

Pero eso no es verdad. Es cierto que hay gobiernos que mantienen a su gente en la pobreza, pero esto es porque la gente no piensa y actúa de cierta manera. Si ellos empiezan a avanzar como lo sugieren los principios presentado aquí, ni los sistemas sociales, ni los gobiernos los podrán detener. De hecho, la historia nos muestra como los sistemas que mantienen a la gente reprimida no duran por siempre y con el tiempo desparecen. Lo cierto es que los sistemas están constantemente evolucionando hacia un estado que facilite cada vez más el progreso de las personas.

Todo individuo puede decidir actuar de la manera correcta en cualquier momento o lugar y bajo cualquier gobierno y lograr así la libertad financiera. Y cuando un número considerable de individuos lo logren, ellos mismos se encargarán de que el sistema se modifique para que eso sea posible para más personas.

Por el momento, baste con saber que ni el gobierno bajo el cual vives, ni el sistema económico reinante te pueden impedir cosechar la riqueza. Si de verdad deseas triunfar, si estás dispuesto a alimentar tu mente con los principios de éxito aquí presentados, y actúas con prontitud y constancia, nada ni nadie podrá detenerte para lograr todo aquello que deseas.

Pero recuerda que tu pensamiento debe ser mantenido en el plano creativo. Nunca debes traicionarte pensando que los recursos son limitados, o actuar en el plano competitivo. Cuando caigas en estas viejas formas de pensamiento, corrígelas al instante.

No te pases el tiempo pensando como vas a hacer para cubrir ciertas emergencias en el futuro, excepto cuando esos planes afecten tus acciones de hoy. Concéntrate en hacer las acciones de hoy de una manera exitosa y no en las emergencias que puedan venir mañana.

No te preocupes de cómo podrás sobreponerte a los obstáculos que puedan aparecer en el futuro en tu negocio, a menos que esté claro que vas por el camino equivocado. Entonces sí cambia tus planes para evitar errores innecesarios.

No importa qué tan grande pueda parecer un obstáculo a la distancia; encontrarás que si continúas actuando de la manera correcta y avanzas con firmeza y decisión desaparecerá a medida que te acerques, o aparecerá un camino alterno para superarlo.

Ninguna combinación de circunstancias y eventos fortuitos te podrán detener de triunfar si has tomado la decisión firme de lograr la libertad financiera. Ningún hombre o mujer que obedezca los principios del éxito puede fracasar.

Evita perder el tiempo con preocupaciones vanas, posibles desastres, obstáculos o pánicos. Ya habrá tiempo para solucionar cada problema que se te presente, puesto que cada dificultad trae consigo la solución al problema.

Cuida tu manera de hablar. Nunca hables de ti mismo, tus asuntos, o de algo más en términos derogatorios o de una manera que denote duda, pesimismo o una pobre autoestima.

Nunca admitas la posibilidad de fracaso; que tus palabras no den señal de que para ti el fracaso es una posibilidad.

Nunca hables de que estás pasando por tiempos difíciles o que tu negocio está enfrentando alguna crisis. Los tiempos pueden ser difíciles y los negocios que operan en el plano competitivo frecuentemente están en crisis, pero ese no es tu caso, puesto que tú operas en el plano creativo.

Entrena tu mente para pensar y mirar el mundo como algo que se está desarrollando, que está creciendo, y sólo ver lo malo como algo que todavía no se desarrolla. Siempre habla en términos de desarrollo; hacerlo de otra manera es negar tu fe, y negar tu fe es perderla.

Nunca le abras espacio en tu mente a la desilusión. Puedes esperar tener cierta cosa en cierto tiempo y no obtenerla, y puede parecerte un fracaso. Pero si mantienes tu fe verás que no has fracasado. Sigue actuando de la manera correcta y descubrirás que las cosas suceden cuando deben suceder, no siempre cuando esperamos que sucedan. En algunas ocasiones, es posible que no logremos lo que queríamos, pero si te mantienes firme a tu propósito, llegarán éxitos aún más grandes, en su lugar.

Si mantienes tu fe, te aferras a tu propósito, y haces cada día todo lo que puedas de la manera más exitosa, nunca faltarán las oportunidades.

Recuerda esto: nunca fracasarás porque no poseas el talento suficiente para lograr lo que quieres. Dentro de ti se encuentra la semilla de grandeza necesaria para triunfar. Si avanzas como te lo indica esta obra, desarrollarás todo el talento necesario para triunfar en cualquier cosa que te propongas.

La misma fuente de habilidad que le permitió al joven Abrahán Lincoln, aprender todo cuando necesitaba aprender, sin haber tenido mucha educación escolar, y que lo llevó a convertirse en uno de los estadistas de mayor trascendencia en la historia de Estados Unidos, está a tu disposición; lo único que necesitas es mantener tu entusiasmo y no permitir que tu fe se debilite.

EPÍLOGO

Un pensamiento es una sustancia concreta, produce resultados concretos y afecta nuestra mente y cuerpo de maneras muy específicas. Muchas personas erróneamente creen que los pensamientos son cosas triviales que no tienen mayor efecto en nuestra vida o nuestro éxito. Pero lo cierto es que nuestra mente tiene la capacidad de crear aquella realidad representada o imaginada por cada uno de nuestros pensamientos.

Todo ser humano puede formar ideas en su pensamiento, impregnarlas de fe y propósito, y por medio de una acción decidida causar la creación de aquello que había imaginado. Sin embargo, para lograr esto, debe pasar del pensamiento competitivo al pensamiento creativo. De otra manera no puede estar en armonía con Dios, quien es creativo y nunca competitivo en espíritu.

Para vivir en completa armonía debemos mantener una gratitud viva y sincera por todo aquello que recibimos. Debemos formar una imagen mental clara y precisa de todo aquello que deseamos tener, hacer, o ser, y mantener esta imagen mental en nuestro pensamiento, mientras agradecemos por anticipado que todas nuestras metas estén en proceso de ser realidad.

La persona que desea lograr la libertad financiera debe pasar sus horas libres visualizando sus sueños y metas. No debemos desestimar la gran importancia que esto tiene, al juntarse con una fe inquebrantable y una gratitud permanente. Este es el proceso mediante el cual dicho deseo es enviado al universo y las fuerzas creativas son puestas en movimiento.

Para poder recibir lo suyo cuando le llegue, la persona debe utilizar siempre su potencial al máximo y estar dispuesta siempre a dar más de lo que su trabajo o posición demanda. Debe mantener en su mente el propósito de vivir una vida de abundancia, y debe hacer, cada día, todo lo que pueda hacer ese día, cuidando de realizar cada actividad de la manera más efectiva y excelente posible. A cada persona con la cual esté involucrada en cualquier tipo de transacción debe dar un valor mayor del que recibe, para que cada transacción genere más abundancia para todas las partes involucradas.

Los hombres y mujeres que practiquen estas instrucciones con toda seguridad lograrán la libertad financiera que tanto anhelan. No obstante, no podemos olvidar que las riquezas que recibamos van a ser
en proporción exacta a qué tan definidas sean nuestras metas, qué tan clara esté esa visión grabada en
nuestra mente, qué tan firme sea nuestro propósito,
nuestra fe, y qué tan profundo nuestro espíritu de gratitud.

Tengo la absoluta certeza de que si pones en práctica estos principios del éxito financiero, tú también
pronto estarás caminando por el sendero que condu-
ce a la riqueza y el éxito.